आज स्थिर है ज्वार

AF884239

सत्येन्द्र श्रीवास्तव

डायमंड बुक्स

ISBN : 81-288-1744-2

प्रकाशक : डायमंड पॉकेट बुक्स प्रा. लि.
X-30, ओखला इंडस्ट्रियल एरिया, फेज-2,
नई दिल्ली-110020
फोन : 011-41611861
फैक्स : 011-41611866
E-mail : sales@dpb.in
Website : www.dbp.in

वर्ष : 2008

मुद्रक : आदर्श प्रिंट्र्स, शाहदरा, दिल्ली-32

Aaj Sthir Hai Jwaar
by Satyendra Srivastav

लेखक की कलम से

इस संग्रह में मेरी नवीनतम रचनाएं संग्रहीत हैं। कुछ पुरानी इसलिए रख दी गई हैं कि उनमें कहीं-कहीं कुछ बदला है। मैंने, जीवन के साथ-साथ देखने और सोचने की दृष्टि भी तो बदलती है-कविताओं को जिन संपादकों, संपादक मंडलों ने प्रकाशन-प्रसारण के लिए समय-समय पर चुना, इसके लिए मैं उन सबको धन्यवाद देता हूं।

अत्यंत आभारी हूं श्री अनिल जोशी जी का जिन्होंने इस संकलन का संपादन किया है। अनिल मेरे मित्र हैं और मैं उन्हें आज की हिन्दी कविता का एक बहुत ही पॉज़िटिव व्यक्तित्व मानता हूं।

कुछ ऐसा ही साथ रहा है अन्य साहित्यकार मित्रों का भी, जो सदा मेरे साथ होते दिखते हैं-डॉ. कन्हैया लाल नन्दन, डॉ. मार्टिन बैक्स, डॉ. पद्मेश गुप्त, सुश्री केट पेम्बरटन, श्रीमती उषा महाजन, श्री प्राण शर्मा, अंत में श्री नरेन्द्र वर्मा जी को संग्रह के प्रकाशन के लिए धन्यवाद।

सत्येन्द्र श्रीवास्तव

लन्दन/कैम्ब्रिज

फरवरी 2007

मृत्यु में जीवन तलाशती कविताएं

सत्येन्द्र श्रीवास्तव के काव्य संग्रह 'आज स्थिर है ज़्वार' में मुख्य रूप से जीवन, मृत्यु और अकेलेपन के सवालों से जूझती कविताएं हैं। इसमें काल के सवालों से भय नहीं है, उनकी संवेदनात्मक पड़ताल है। अपने समय को, गुजरते क्षण को, पूरी तरह जीने का आह्वान है। इस अर्थ में वह अपने प्रिय कवि अज्ञेय के क्षणवाद को काव्यात्मक चिंतन के रूप में स्वीकार करते हैं। यह अकेलापन उन्हें भीड़ की तरफ जाने के लिए प्रवृत्त नहीं करता बल्कि निजी अस्मिता की पहचान की तरफ ले जाता है। कवि अस्तित्व के प्रश्नों से जूझता है, व्यक्ति - अस्मिता की स्वतंत्रता की घोषणा करता है, परन्तु व्यक्ति को एक पृथक् घटक नहीं मानता बल्कि मानव समुदाय के परस्पर आश्रित होने को रेखांकित करता है

यह विस्तृत दुनिया मशीन है
जुड़े हुए ही सच है... (सार)

लगता अंतिम नहीं कहीं कुछ
चीज़ - चीज से जुड़ी हुई हैं...

खुद क़ा साथ - वही अंतिम है
बस एहसास तेज - मद्धिम है (साथ)

लेखक मृत्यु के संवेगों को उसके विभिन्न शेड्स में पहचानता तो है परन्तु उससे उसकी जिजीविषा कम नहीं होती। वह संन्यास की तरफ प्रेरित नहीं होता, जीवन के आवेग कम नहीं होते। कवि उस मनोभूमि पर है कि उसे चीजें साफ-साफ दिखने लगती हैं। कवि के चारों तरफ विद्यमान अंधेरे में भी एक रोशनी है। वह अंतर्दृष्टि से सब कुछ देख सकता है, पूरी वस्तुनिष्ठता के

साथ। इस कविता-संग्रह में पश्चिम स्थूल अर्थों में वस्तु के रूप में नहीं आता परन्तु पश्चिमी जीवन दृष्टि और चिंतन का प्रभाव स्पष्ट दिखाई देता है। इस तरह से भारतीय और पश्चिमी मूल्यों के अद्‌भुत मिश्रण से सराबोर ये कविताएं संवेदनापूर्ण चिंतन के कारण जीवन, मृत्यु और अकेलेपन पर लिखी कविताओं में एक विशिष्ट स्थान पाती हैं।

मृत्यु की कैसी कविताएं, जिनमें भय और निराशा नहीं, झूठा साहस भी नहीं, जिनका उद्देश्य जीवन-मृत्यु के परत-दर-परत सवालों को काव्यात्मक संवेदना से सराबोर कर एक शाश्वत बहस को आगे ले जाना है। इस विषय पर लिखी ऐसी अद्‌भुत कविताएं जो आपको डिप्रेशन में नहीं एक सघन विचार मंथन में ले जाती हैं।

नई कविता के कवियों में बहुत कम ऐसे कवि हैं जो जटिल संवेदनात्मक विचार बिन्दुओं को गीतों या लयबद्ध कविता में पिरो दें। सत्येन्द्र जी की हर कविता में लय है, संगीत है जो कविता को शाब्दिक अर्थ से अलग एक रिद्‌म देता है जो अंतर्मन में गूंजती रहती है और अर्थ को सघन करती है। ठेठ बनारस की संस्कार भूमि में विकसित संवेदनाएं पश्चिम के मुक्त आकाश में विकसित संकल्पनाओं का आश्रय पा एक ऐसी जीवन दृष्टि की प्रस्तुति करती है जो विचार की दृष्टि से वस्तुनिष्ठ, संवेदना की दृष्टि से रागात्मक, शिल्प की दृष्टि से सुघड़ है। वे ईश्वर पर प्रश्नचिह्न लगाते हैं, पर विचारों में आस्तिक हैं। वे जीवन की यात्रा वर्षों में ही नहीं करते बल्कि अपनी एक कविता में देह के एक अहम अंग 'हथेली' के माध्यम से करते हैं और स्मृतियां सजीव हो उठती हैं। उनकी मान्यता है – जीवन और मृत्यु एक सतत वृत्त है। परंतु इस सारी बहस में वे हैं जीवन के पक्षधर ही।

इतने जटिल और संश्लिष्ट विषय पर लिखी इतनी ताजगी भरी सघन कविताएं अपने टाईम और स्पेस को लांघ कालजयी रचनाओं में परिवर्तित हो जाती हैं। मुझे पूरा विश्वास है कि इन कविताओं में पाठकों के मनोजगत का स्थायी अंग बनने की क्षमता है।

आंखों की आंधी में अब भी शेष
जीने की आस्था सतत् मशाल...

धारों के उस पार प्रवाहित दीप
बुला रही है उसकी ज्योति समीप...

तोड़ रहा हूँ अब बंधन - घेरे
अब स्मृति हैं ज़ो कल थे मेरे
आज सभी का हो जाने का मन
लगा रहा है अपने ही फेरे (आंधी)

ऐसी कविताओं की अद्‌भुत दुनिया में आपका स्वागत है।

अनिल जोशी

फ्लैट नंण 80, सैक्टर 1, पॉकेट 1
द्वारका, दिल्ली-110075

अनुक्रमणिका

आज स्थिर है ज्वार

आज स्थिर है ज्वार
आंधी का नहीं है डर
दूर उस सीमांत पर
दिखने लगे मस्तूल
मौन तट पर शेष कितने
विगत के पगचिन्ह
लहरियों पर अनागत के लिए
अर्पित फूल......

•••

सार

दांव लगे हैं
उत्सुक आंखें
गुज़रा हफ्ता भी
        रख दो बावन पत्तों के संग
        मेरा पत्ता भी
बड़ा तेज है आयु चक्र यह
घूम रहा है पहिया
दिन हफ्तों मासो वर्षों में
करता हैय्या हैय्या
        मैं भी जुड़ा हुआ जग से
        ज्यों वह मधु-छत्ता भी
निचुड़ रहा हूं मधु रस जल सा
बूंद-बूंद हो
कर्ज जिन्दगी, सांसें चलती
जहां सूद हो
        जीवन घटता ज्यों नित
        भोजन कपड़ा-लत्ता भी
यह विस्तृत दुनिया मशीन है
जुड़े हुए ही सच हैं
बाकी सब अतिरिक्त आंकड़ों की
केवल खचखच है?.
        डेमोक्लीज का खड्ग बनी
        ऊपर की सत्ता भी

कितना भी सब मिथ्या होले
ख़त्म नहीं हो सकता
चक्र यहां चलता जाएगा
दांव नहीं है रुकता
कच्ची है दीवार कहीं तो
है कुछ पुख़्ता भी

•••

पर्वत पूछता है

क्यों आते हो
अकेले निरीह
भटक रहे यात्री की तरह
नित्य यहां
धूप, लू, अंधड़ से
सूखी अनवरा भूमि से बटोर
बन्द कसी मुट्ठी में
धूल रेत राख लिए...
आते हो
और इन्हें
यहां छींट जाते हो
आंखों की कोटर से
टपक रहे बूंद-बूंद
सपनों के साथ
चुप कसे अधरों के
अस्फुट स्वर
बिंधा-बिंधा मौन
हूंकती धमनियों की क्षत कराह...
फिर भी बतियाते हो
पर्वत की परतों से
जैसे कह रहे हो
मेरी इस भेंट को
आस मित्र अर्पण को
ओ पर्वत स्वीकारो
अपना ही पर्त बना
इसको भी ग्रहण करो, रूप दो...

लाया हूं कण-कण में
घुटते मनुष्यों की चीत्कारें
करे धरे का हिसाब
और उषस गान भी
बच्चों के चिड़ियों के सहज गीत
स्वप्न-स्वप्न में झरती, प्रभाती की
स्वर लहरी
नई उगे पौधों का ऋचा राग
थकती जिह्वाओं के मुखर मंत्र
कल की चेष्टाओं के शंखनाद
इन सबको
जो भी है जैसा है स्वीकारो
अनादृत नहीं करो
ओ पर्वत
हर नव समर्पण की अंजुरी में
बंधा है समय चक्र
इसको देते रहना
पर्वत की दृढ़ता और
कालजयी सपनों का
सतत वृत्त

•••

सपनों से

सो-
अधूरी रात के
बेताब सपने
सो-
　　यों कि उसके बाद
　　जो है सुप्त
　　जागृत
　　हो-
　　　'कहीं फ्रायड ने कही है
　　　दमित मन की बात
　　　यह कि जो अतृप्त है
　　　करता छिपा आघात
　　　　खोलता है
　　　　पर्त उसकी
　　　　बन्द लगता
　　　　जो-
कौन जाने अभी तक जो
है पहुंच के पार
सुने दस्तक, हिले, देखे
और खोले द्वार

कामना की मिट्टियों में
बीज दे
नव
बो-

    फिर उगे जो पौध
    दे हर सांस को कुछ अर्थ
    समय गुजरे नहीं यों ही
    द्वन्द्व बनकर व्यर्थ

        सुबह हो ऐसी
        कि जो
        दे सभी कल्मष
        धो-

•••

अंतिम स्पर्श

मैं सख्त केले पर चढ़े
छिलकों को खोलकर
उतारता हूं
        मुझे दिखते हैं
        दो पसरी जांघों जैसे दो
        ललछऊं क्षितिज
मैं देखता हूं
कितने चांदों और नक्षत्रों को
बूंद-बूंद टपकते
किसी गर्भाशय के अतल में
        मैं पुन: उत्तेजित हो उठता हूं
        और फूलती सांसों के समुद्रों में
        डूबकर खोजने लगता हूं
        सीपियों के मोती
        पानी चढ़ने लगता है
बबूलों में फूटती सांसों के
बनने लगते हैं छोटे-छोटे वृत्त
मुझे एहसास होता है तभी
मृत्यु का रंग लाल नहीं हैं

•••

चढ़ाव

चुप्पी साधे
एक पहाड़ी जैसे कोई मूर्ति,
मेरी अंगुलियां रेंगती हैं उस पर
ऊपर बहुत ऊपर तक,
    यह उन्नत, कसे, मांसल
    उघड़े उरोजों वाली मूर्ति
    तब कहने लगती है
    कहानियों पर कहानियां

•••

आंधी

यह कैसा तूफान
दृष्टि की लहरों में
उद्वेलित है नाव
उड़ रहे पाल...

भ्रमित हो रहे हैं थोपे संयम
रह न पा रहे अब निश्चय कायम
जो कल था शिव सत्य और सुन्दर
अब असत्य की पहचानों का क्रम
सांसों की गतिशील मछलियां शेष
पर फेंक रहा उन पर भी कोई जाल...

धारों के उस पार प्रवाहित दीप
बुला रही है उसकी ज्योति समीप
उठे हुए हैं कंपित लौ के हाथ
जल प्रवाह में बनते मिटते द्वीप
खिंची हुई तम्बू सी क्षिति चादर
फटे बादलों पर सूरज का भाल...

तोड़ रहा हूं अब बंधन-घेरे
अब स्मृति हैं जो कल थे मेरे
आज सभी का हो जाने का मन
लगा रहा है अपने ही फेरे
अथक दृष्टियों की स्वप्निल धरती
इसका कितना जग है वृहद-विशाल...
आंखों की आंधी में अब भी शेष
जीने की आस्था का सतत मशाल...

•••

रिचमंड ब्रिज, लंदन

टेम्स की बहती धार पार
यह रही बतखों की पांति
और घास-फूस तिनकों और
चीथड़ों का जंगल...
पुल के नीचे आते-आते
झुके पेड़ की जड़ों से
लगकर यह प्रवाह रुक जाता है
और आसपास
उपेक्षित फेंकी हुई सामग्रियों का द्वीप
धीरे-धीरे बढ़ता जाता है
और बहती हुई धार
कभी बादलों-कभी दहाड़ते
जेटों से कटे धुंधलकों के अक्स को
अपने में उतारकर
पुल से धीरे से टकरा जाती है
लेकिन फिर बहने लगती है
पुल के ऊपर
एक भागती और चीखती शताब्दी
गुज़र रही है
और पुल के नीचे
धीमे-धीमे बतखों की पांति

मैं इस हंसती-खिलखिलाती धूप को
एक जंगली गुलाब में

गूंथकर बहा दे रहा हूं
कि यह जहां भी रुके, डूबे या मिटे
साक्षी हो
कभी न दुहरा पाने वाले
एक सुनहरे दिन के
कुछ सुखी क्षणों की, क्षणभंगुरता के,
चिरंतन अस्तित्व का

•••

नहीं हूं यहां

नहीं हूं यहां
क्योंकि यह देश
मेरा नहीं है...
क्योंकि इसका है नाम
है इसका भूगोल
इसमें है विस्तार
पर्वत, घाटियां, कांतार
मरुभूमि
पेड़, पौधे, वीरान, झाड़-झंखाड़
और हैं लोग...लोग...लोग

नहीं हूं यहां
क्योंकि यह द्वीप
मेरा नहीं है
क्योंकि यहां जल उद्वेलित है
लहरें दे रही हैं चुनौतियां
वृक्ष हरे-भरे और पत्तियां ताजी
चट्टानें ऊंची और करती हुईं छोटा
अट्टालिकाएं गगनचुंबी
लगातीं बाजी

नहीं हूं यहां
क्यों यह घर
मेरा नहीं है...

क्यों यहां पगध्वनियां नहीं करतीं
पीछा...
खामोशियां नहीं दिलातीं याद
गुजर चुके लोगों की
दीवारों पर टंगी तस्वीरों की नहीं है
कोई भाषा, न ही उनमें जबान

नहीं हूं यहां
क्योंकि यह कमरा
मेरा नहीं है...
क्योंकि यहां आ रही है रोशनी
और कोई भी आ सकता है यहां
बिऩा द्वार पर दस्तक दिए
झांक सकता है खिड़की और झरोखों से
प्रभातकालीन सूर्य और जादुई स्पर्श का
रात का चंद्रमा
आ सकती हैं हवाएं
संदेशों पर संदेश लिए
और अंधियारा
ऩतनाव भरा
अकड़ा हुआ

नहीं हूं यहां
क्योंकि यह बिस्तर
मेरा नहीं है...
क्योंकि इसमें है
ऊष्मा
क्योंकि इस पर है
आने का निमंत्रण

•••

साथ

नहीं अकेला हो पाता हूं
कोई सदा साथ चलता है
　　　　जब अंधियारा गहराता है
　　　　सन्नाटा ही बतियाता है
　　　　आवाजें मरने लगती हैं
　　　　अंधड़ भीतर टकराता है
यादों के जुगनू दिखते हैं
उनका होना भी छलता है
　　　　धुंध कुहासा बढ़ जाता जब
　　　　कफन रात का चढ़ जाता जब
　　　　तब अन्दर भीतर का सब कुछ
　　　　पाने लगता सबका मतलब
आंखों की आंधी में तब भी
दीप अटारी का जलता है
　　　　लगता अंतिम नहीं कहीं कुछ
　　　　चीज-चीज से जुड़ी हुई है
　　　　दृष्टि जहां तक जाती, लगता
　　　　हर पगडंडी मुड़ी हुई है
फिर जग का हर सीधा टेढ़ा
जैसा है भीतर पलता है
　　　　खुद का साथ-वही अंतिम है
　　　　बस एहसास तेज-मद्धिम है
　　　　हो जिस थल वो ही है उत्तर
　　　　दक्षिण पूरब और पश्चिम है
जीवन जीना एक नशा है
नई बोतलों से ढलता है

•••

पुनरावृत्ति

लहर आई गई
फिर लहर आई गई
फिर लहर आई गई
पानी पर झाग बनकर
पुनः चमकेंगे
अस्त होते
सूर्य के वे डोलते मस्तूल
-यह आशा बंधाई गई...

जो समय के वृत्त में
जकड़े हुए से मिट गए थे
ज्योतिमय जलस्रोत-पुंजीभूत
पुनः बनकर वाष्प ऊपर छा रहे हैं
और जो हो सीपियां और शंख
तल में धंस चुके थे
अब जलों की सतह को
चमका रहे हैं
इन सभी का स्वत्व जीवन विधा होकर
जी रहा फिर
स्पर्श से जिनके कभी थी ऋतुरंगी हर फसल
बोई और उगाई गई...
जिस तरह प्रतिक्षण बुढ़ाती धरा तकती रही सब कुछ
जिस तरह होता रहा बेरंग झुर्रीदार क्षिति का भग्न पिंजर
जिस तरह चढ़ता रहा था सीढ़ियां हर शून्य पर अटका कुहासा

ठीक वैसे ही
आज भी फिर हो रहा सब
और होता ही रहेगा अंत तक
यह ध्वनि गुंजाई गई...
यही है जैसे नियति का क्रम
यही जीवन मोह का है मर्म
अंत की फिर नई शुरुआत
इसी से तो समय की बारात में भी
हलद किरणों से रंगी
इस सांझ से भी आस की दुल्हन सजाई गई

●●●

आज का दिन

एक सुबह है
दोपहर है
शाम है

इसके हर पहर में
एक पकड़ है
एक पुकार है
एक काम है

आज का दिन भी
कहीं बाहर
कहीं भीतर
हमें भींचता है
चलाता है
भटकाता है
खींचता है
लौटाता भी है
अटकाता भी है
यादें जगाता है
सूखे को सींचता है

आज के इस दिन को भी
तारीखों का बवंडर
उड़ा ले जाएगा
क्षण कल्पों की आंधी में
जूझेगा

टूटेगा
और बिला जाएगा
आज के इस दिन को भी
कल कोई नहीं
कोई नहीं पाएगा
क्योंकि यह दिन
यों ही चला आया था
चला जाएगा
क्योंकि यह दिन
यों ही चला आया था
चला जाएगा
कोई इतिहासकार
इसे लिखने नहीं आएगा

क्योंकि यह दिन
कोई घटना नहीं
दंगा नहीं
क्रांति नहीं है

न-ही है
कोई सिद्धि
कोई प्राप्ति
न उपलब्धि
या पैगाम है
क्योंकि यह दिन
बस सुबह है
दोपहर है
शाम है

●●●

वर्धन

रोज मेरे सिर से
एक नया सिर उगता है
पिछले से बड़ा
हर सुबह
जलाशय के ऊपर
गूंजती हैं नीले स्वरों में
घंटों की ध्वनियां
और सूत्रधार
ऊंचे स्वर में चिल्ला पड़ता है
    रावण के सौ सिर थे
    तो भी नहीं मोह पाया था
    सीता को
मैं देखता हूं
अकेले ऊंट को भी
नीत्से की मरुभूमि पर
एक आत्मा को ढोते हुए
रुकते हुए
और फिर एक खूंखार शेर में
बदल जाते हुए
शेर जो उत्तेजित होकर करे प्रहार
ओर जंगल का हो जाए राजा
फिर देखता हूं

नव शिशु को जनमते
कुंवारे अहं के साथ
कि वह करे रक्तपात
और विजयी हो...
यों युद्धों संघर्षों का चलता रहे
सिलसिला पूर्ववत
मेरे सिर से घूरती हुई आंखें
फिर यह भी देखती हैं
कि संक्रमण के आघातों से
तिरस्कृत मनुष्य
अपने हाथों की मशालों को ऊंचा कर

जलते और प्रकाश वाले दिन में भी
हर आते-जाते
व्यक्ति से यह
पूछ रहे हैं
कहां है ईश्वर
दिखाओ मुझे
कहां है वह
इनके प्रश्नों की
ज्वाला-उसकी लपटें, फूत्कारें
सांपों की तरह उठकर
फैलने
चमकने लगती हैं
और हम देखते हैं
यह सब
देखते जाते हैं और यह भी
कि अगली शताब्दियां
गलियारों में खड़ी
प्रतीक्षा कर रही हैं

•••

पशुओं की सुखद संगत में : कुछ अनुभूतियां

इस जंगल में
पुनः पहुंचकर
दृष्टि नई में जब सब आंजा
लगा कि लक्ष्मण रेखाओं को
हमने बहुत निरर्थक लांघा
फेंक निरन्तर नव मरीचिका
दिखलाई कुछ ऐसी दुनिया
किसी ऊपरी छिपी शक्ति ने
हमको पशु से अलग-हांका

फिर हमने कितने मूल्यों को
संकल्पों को बदला और मांजा
ऊपर से ऊपर तक जाकर
कितनी तलवारों को मांजा
जीवन के अनगिनत मूल्यों को
अपने रंग में रंग-रंग आंका
और प्रगति की मदिरा पी-पी
दृश्य-अदृश्य सभी में झांका

अब डर है यह नशा तेज हो
बदल न दे सब बुनियादों को
हर सच पहने नया मुखौटा
ईश्वर ही
हो जाय न गांजा

(केनिया : मसाईमारा के सफाई जंगलों में)

•••

विराट की आशा में

नन्हीं सी छिपकली ने
दीवार पर रेंगते हुए
एक बड़े कीड़े को खा लिया,
कांपती अंगुलियों ने
सूरज के चित्र पर
एक बहुत काला-सा धब्बा
लगा दिया,
भूरी गौरय्या ने अपना मुंह फैलाया
कहने को हुई
और सिमट गई
दो बौने हाथों ने
हौज के पानी में
कागज की नावों को तैरा दिया!
किंतु आज मैंने
कुछ नहीं किया
किसी विराट की आशा में
डूबा रहा
डूबा रहा
डूबा रहा
दिन उगा
दुपहर ने हांक दी
संध्या ने बार-बार कहा
'अरे चेत करो'
रात ने दुखती हुई रगों में
चुटकी काटी,

किंतु आज मैंने कुछ नहीं किया!
सिर्फ कुछ देखा किया
देखा किया...
देखा किया...
बड़ी उम्र ढलती रही
और मैं देखा किया
सांस-सांस गलती रही
और मैं देखा किया
जिह्वा चुप होंठों पर
आती,
मचलती रही
और मैं
देखा किया
मेरी खातिर
दुनिया
इस छोटे कमरे की
गंदली दीवारों पर
ढलती रही
और मैं देखा किया
हाथों पर हाथ धरे
देखा किया
देखा किया
देखा किया

•••

दृश्य-दंश

एक जंगल की धुर खामोशी, गहरी थकी उसांस ले
एक और पीला पत्ता झर गया तुम्हारा नाम ले
दृश्य-दृश्य लग रहा कहीं पर, भीतर से ठहरा हुआ
काल बीन स्वर मोह सर्प की
आंखों में लहरा हुआ
दिशा दिशाएं हाथ उठाए हैं सुधियों का जाम ले
यात्री घर को लौट रहे हैं
लीकों को पहचानकर
दहक उठे हैं कुछ अलाव भी,
तम को दुश्मन मानकर
जो भी है गतिशील लग रहा आया है पैगाम ले
हर एहसास यहां अपने
होने का अब तो दंश है
सभी जगह दिख रहा भांजता
गदा काल का कंस हैं
सब हैं आज! सिवा उसके जो गिरते मन को थाम लें

•••

उजड़े गांव में पकती ईंटें

प्राची के आंगन में
सहज था वह सूर्योदय भी
बढ़ा आ रहा था
अपनी सम्पूर्ण गति और गरिमा के साथ
सूर्यरथ
और धरती पर
उसके प्रकाश में
खुलने लगी थीं
मनुष्यों, पंछियों, जीवों-सहजीवों की आंखें
कुदाली फरसे लेकर
निकल पड़े थे
मन्नू भाई शाह
मोहम्मद पटेल
सविताबेन आदि
अपने निर्धारित नियमित कार्यों की ओर
शोर मचाते बच्चे संयत हो अब
गाने लगे थे जनगण और वैष्णवजन
जय किसान जय जवान
तभी सहसा
सूर्यरथ के पहिए धड़धड़ाते हुए
उखड़ने लगे
फिर कहीं से प्रकृति-नियति ने करवट ली
पहले धरती फटी

फिर पेड़, स्तम्भ दीवारें-चौखट फटे
पुल चरमराए
क्षण भर में सड़कों में पड़ गईं दरारें
आकाश ने हतप्रभ हो
सब देखा
भागते हुए लोग
डगमगाते हुए लोग
लड़खड़ाते हुए लोग
चीखते-चिल्लाते हुए लोग
ढहते हुए लोग
छटपटाते हुए लोग
फिर सहसा
धरती में ही धंसते-समाते-लोप हो
मिट्टी और कब्र हो जाते हुए लोग
हतप्रभ आकाश ने सभी देखा
और आज भी देख रहा है
....और आज जब जमीन के दूहों पर
खड़ा होकर जड़ हुआ-सा मैं
देख रहा हूं चारों ओर
तो मुझे लग रहा है
कि जीवन के नीचे अभी भी चल रही हैं
कुछ सांसें
हर जगह मुझे महसूस हो रहा है
कि कोई नीचे से
दस्तक दे रहा है
हर दरार में देख रहा हूं
कुछ धुआं-धुआं सा उठता
.....या तो धूप जल रही है और
उठ रहा है धुआं
या कोई नारी अपने केशों को जलाकर
धुएं से खींचना चाह रही है

हमारा ध्यान
......पर यहां आंखें हो गई हैं सबकी
यथार्थ की लू में जलकर पत्थर
और हर जगह बांधने लगी हैं
सागरी नमकीन स्पर्शों की सर्द छुवन
और दूरागत पहाड़ियां हो गई हैं
मानव जाति का श्राद्ध करती हुई अंजुरियां
......फिर भी लोग
जो शेष हैं
जो रह गए-से हैं
हारे नहीं हैं
अश्रु और लहूस्नात मिट्टियों से
बनाने सुखाने लगे हैं ईंटें
और सुलगने लगे हैं बड़े-बड़े अलाव
ईंटें फिर पकने लगी हैं
और हो गया है पुनः पुनर्निर्माण का काम प्रारंभ
मनुष्य मनुष्य इसलिए कहा जाता है
कि वह कभी पूर्णतः पराजित नहीं होना चाहता
और प्रकृति इसलिए प्रकृति बनी रहती है
कि वह जीवों की बराबर लेती रहे रह-रहकर परीक्षा
......ईंटें फिर पकने लगी हैं
और ध्वस्त हुई धरती
कर रही है
फिर
फरसे और कुदाली का इंतजार

•••

मुक्ति गीत

मुक्त होना चाहता है आज यों मन
अंगूठी भी लग रही है भार बन्धन
    बह रही है हवा यद्यपि तेज खुलकर
    हर किरण निकली है सद्य: नहा धुलकर
    लग रही है प्रकृति बिल्कुल खरी तुलकर
पर अनागत से डरा है कहीं जीवन

मंच सज्जित तख्त सत्तारूढ़ बौने
शक्ति वल्गा अश्व हैं लेकिन खिलौने
राज्य उनके निजी हैं जैसे बिछौने
समय गटियाया हुआ है भाल चन्दन

किन्तु अब भी मनुज में कुछ आस्था है
क्योंकि तम के पार अब भी रास्ता है
क्योंकि हर एक को किसी से वास्ता है
इसी से बदलाव के प्रति है समर्पण

•••

उद्धात्त-संतापक

आश्वस्त मन से
मनुष्य घास का गट्ठर पकड़े-पकड़े
एटलांटिक को भी पार कर सकता है
यह एक नार्वेजियन ने मुझसे कहा था
    उसके शब्द गुंजरित होते रहे हैं अब तक
यह सुप्त घाटी गहरे धक्के खाने के बाद
अब स्थिर है
और पंछियों और लहरियों की भाषा में
गुनगुनाने लगी है अब
    उष:काल की धुंधली मसहरी के अंदर ढंका
    वहां हमारा राजा सो रहा है...
और प्रहरी तस्करों के शतरंजी-खेलों को वहीं
चौकन्ना होकर देखे जा रहे हैं
और कुछ ऊपर हैं
अपनी वर्दियां पहने सैनिक खड़े तैनात
अपनी-अपनी जगहों से गोली दागने के लिए
    वे बातें कर रहे हैं अपने खंदक वाले दिनों की
    उन्हें अब करना है अपना हिसाब पूरा
यह पूरी घाटी कहीं पर लग रही है एक समर-भूमि
निरंतर खून की प्यासी
    आश्वस्त मन से
    मनुष्य घास का गट्ठर पकड़े-पकड़े
    एटलांटिक को भी पार कर सकता है

यह प्रतिध्वनि साकार होगी एक दिन : यह तय है:
हम महासागर के पार अवश्य पहुंचेंगे एक रोज
क्योंकि हम यहां अभी भी जीवित बचे रहे गए हैं
निर्निमेष आंखों से देखते हुए सब कुछ
यहां पर किसी जवाबदेही की मांग नहीं उठती
न कोई साफ गवाही ही दी जाती है कभी
यहां जो कुछ होता जा रहा है
उसके साक्षी हमीं हैं
इस जगत को जिसको हमीं ने
बनाया-संवारा है
और जहां अब
राजा सो रहा है...

•••

खूनी यात्राएं

बड़े खूंखार हैं
तुम्हारे नाखून,
ओ भीतर ही भीतर कुरेदते हुए
मेरे अकेलेपन!

तुम्हारी नोच-खसोट
मुझे अजीब-अजीब
सोच बिंदुओं पर पहुंचा देती है

कभी लगता है
किसी चूहे पर बिल्ली धावा बोल रही है
और चूहा छटपटा रहा है
कभी कोई कुत्ता बिल्ली पर
झपट रहा है

और बिल्ली जोर-जोर से
म्याऊं-म्याऊं करती हुई, अपने को समेट कर
बचाने की कोशिश कर रही है
एक लट्ठमार, कुत्ते पर प्रहार कर रहा है
और कुत्ता भूंक-भूंककर थम जाने के बाद
किनकिनाने लगा है
किसी लट्ठमार को उसका मालिक गालियां दे रहा है
और लट्ठमार सकपकाया हुआ
हाथ जोड़कर गिड़गिड़ा रहा है
मालिक की पत्नी उसको किसी पिछली गलती के कारण
मायके चले जाने की धमकी दे रही है

और मालिक जड़ होकर
कहीं बहुत दूर देखे जा रहा है
और बौखलाई पत्नी को एक पुजारी
धर्मग्रंथ दिखलाकर धमका रहा है
वह आंख बंद किए हुए
कुछ बुदबुदा रही है

पुजारी ईश्वर से डरा हुआ है और मंत्रों पर मंत्र
पढ़े जा रहा है
और आंखों की कोटरों में
इधर-उधर पुतलियां घुमाए कहीं देख रहा है

ओ नोचते-खसोटते
मेरे अकेलेपन!

बिल्ली से लेकर ईश्वर तक की
लगातार डरा देने वाली
अलग-अलग जीवों की
जो अलग-अलग यात्राएं हैं
वे सब
तुममें मूर्त होकर उतरती हैं
मेरे सामने सुबह... शाम, शाम...रात, रात...सुबह
बदल-बदल कर रूप, बदल-बदल कर दांव
प्राय: सीना तान

और आंखों से छलकाते हुए खून
सचमुच बहुत खूंखार है
जालिम है, बेरहम है
ओ मेरे अकेलेपन
तुम्हारे नोचने-खसोटने वाले नाखून

•••

काल-चक्र

आधी रात में
जो चटक रोशनी फैल रही है
वह एक चिता की लपट है

वह अंधेरे का पठार
जो योगी की तरह खड़ा है
नंगा, सिर घुटा
वह है एक युग-पुत्र
उसने अपने पिता के शव को दी है आग
और समय धधकने लगा है
उसका सिर इस अपेक्षित कर्म के लिएं,
शुद्धि की खातिर मूंड दिया गया है

और नदी में
जो नर-कंकाल गोते लगाने लगे हैं
डूबने-उतरने लगे हैं
मृतक के कुटुंबियों द्वारा फेंके गए
स्वर्ण-धातु-पैसा-कौड़ी अक्षत-दाने आदि
के लिए
वे सब हैं : हम-तुम
हम-तुम खोज रहे हैं अज्ञात में
जल की कोर्ख में सपने

अब घोर यथार्थों का डोम भी
हमें ऐसा करने से नहीं रोकता

खुद हमारे साथ जल की गहराई में
टोहता है-शायद अपना परलोक

यह एक मृत्यु की उत्तर-यात्रा है
उषा के प्रथम ज्योति-स्पर्श पर आएगा सूर्य
विगत का पिंडा पारने
उसके हाथों से परसे जाएंगे
जो भात-पिंड
वे होंगे हमारी अतृप्तियों के साक्ष्य
और चलता रहेगा चक्र
काल-चक्र

•••

बॉब शिलिंगटन अकेले क्रिकेट खेल रहा है

बॉब शिलिंगटन अकेले क्रिकेट खेल रहा है
बॉब शिलिंगटन जिसके
सफेद-भूरे बाल बिखरे हुए हैं
बॉब शिलिंगटन जिसने
गर्मी में भी तीन ऊनी कोट पहन रखे हैं
बॉब शिलिंगटन जो थोड़ी देर पहले ही
सोकर उठा है,
और उठते ही
बगल में रखी लगभग खाली बोतल से
रात की बची हुई दो घूंट शराब को
अंतड़ियों में डालकर
अपने दफ्ती के बक्से को जो उसका बिस्तर
और रजाई है
तह कर, कोने में रखकर
एक-दो आने-जाने वालों को
भला बुरा कहकर,
अब एक उठती अधूरी दीवार के
सहारे तीन ईंट खड़ी करके
क्रिकेट खेल रहा है
बॉब शिलिंगटन अपने हाथों में
डेढ़ हाथ की एक पतली लकड़ी लेकर

उसे जमाकर, हटा हिलाकर
नीचे रखकर, आसमान को दिखाकर अब
बैटिंग कर रहा है
बॉब शिलिंगटन
अपने बैट को आधा उठाकर
चिल्ला रहा है:
फेंको
सालों/तुम सब फेंको
एक-एक कर फेंको
तेज फेंको/स्लो फेंकों/गुगली फेंको
एक-एक गेंद को मैं हनूंगा
हन्-हन्कर मारूंगा
चौक्का मारूंगा, छक्का मारूंगा
सब की मारूंगा
एक-एक की मारूंगा
बॉब शिलिंगटन चिल्ला-चिल्ला कर
क्रिकेट खेल रहा है बॉब शिलिंगटन
लेकिन यह भी महसूस कर रहा है
कि कोई बॉलिंग नहीं कर रहा है
किसी तरफ से नहीं कर रहा है
किसी तरफ से नहीं फेंका जा रहा है कोई गेंद
थोड़ी देर बाद, अब
बॉब शिलिंगटन अपना बल्ला
ईंटों के स्टैंप के पास रख रहा है
और आते-जाते लोगों की ओर देख रहा है
कभी-कभी हंस रहा है
कभी-कभी गालियां दे रहा है
बॉब शिलिंगटन ने अभी-अभी एक एशियाई
को देखा उसके सामने जाकर खड़ा हो गया
उससे चाय के लिए पैसे मांगे

एशियाई ने पैसे नहीं दिए
देखकर आगे बढ़ गया
बॉब शिलिंगटन कुछ देर उसे देखता रहा
फिर चिल्ला पड़ा
उल्लू के पट्ठे
यहां बिना बुलाए आते हैं
हमारा भी खाते हैं
और हमीं को कौड़ी तक नहीं देतें
बॉब शिलिंगटन फिर चुप होकर
बैट उठा रहा है
हर तरफ उसे दिखाकर
बल्लेबाजी किए जा रहा है
बॉब शिलिंगटन सबको गालियां देता है
सिर्फ बच्चों को छोड़कर
आते-जाते लड़के कभी उस पर कंकड़ी या
केले के छिलके या और कुछ फेंक देते हैं
कुछ उसके करीब जाकर
रुमाल नाक पर रखकर
उसके बदबूदार कोट पर थूक देते हैं
तो भी बॉब शिलिंगटन कुछ नहीं कहता
सिर्फ हंसता है
और जब वे चले जाते हैं
तो चिल्लाने लगता है
सब जाएंगे वक्त आते ही सब बिला जाएंगे
बिना कुछ बदले सब गुजर जाएंगे
जैसे पीटर गया, मुंह बाए, हाथ फैलाए...
साला कप्तान बताता था अपने को
मेरे सामने...
सब जाएंगे, हां हां, सब जाएंगे
जैसे हिटलर गया, स्टालिन गया, फ्रैंको,

सालाजार गया
जैसे मेजर लेविंग्स्टन गया
आउट करना चाहता था मुझको
मक्कार धोखेबाज...
हां हां सब जाएंगे, एक-एक कर जाएंगे
जैसे मैगी जाएगी, जैसे मदर टेरेसा जाएगी
यहां आई थीं हमको कलकत्ता बताने...
रोज की तरह आज भी
बॉब शिलिंगटन अकेले क्रिकेट खेल रहा है
हन्-हन्कर मार रहा हैं
चिल्ला कर गालियां दे-देकर कह रहा है
फेंको, सालों फेंको...
तेज फेंको, स्लो फेंको, गुगली फेंको
फेंको, जी भर कर फेंको...

●●●

गीत

इस शहर में हवा भी बहती बदलती नहीं
बिन घुटे इक सांस भी जैसे निकलती नहीं

हर जगह हर रोज कूड़ा बन रहा पर्वत
फेंकने की सभी को पड़ गई है आदत
अगर ढेले या शिकायत नहीं तो अपशब्द
ढो रहा हर शख्स कंधे पर कोई आफत

है सभी को गिला उनकी आज चलती नहीं

कल दिखे कवि बगल में पोथी दबाए हुए
साथ थे नेता कोई झण्डा उठाए हुए
कर रहे थे क्रांति की दोनों सरासर बात
किंतु श्रोता नशे में थे लड़खड़ाए हुए

चाहने पर भी यहां अब आग जलती नहीं

हो यही सच्चाइयों की धूप प्रतिक्षण तेज
पर सभी को यहां है बदलाव से परहेज
समय की प्रत्येक ध्वनि है उठाती कुछ डर
डांटता भी रोज है इतिहास का हर पेज

है जिन्हें 'जस-तस' की स्थिति कभी खलती नहीं

•••

दृष्टि अक्स

मैंने देखा
एक अक्स बिखरते दर्पण को
जिस पर सहसा फैल गई
आधी जली मोमबत्ती की
टूटी हुई चमक
और दर्पणों के अक्स की गहराई
उभर आई एक मरीचिका की तरह

मैं इन्हीं अक्सों को जोड़कर
बना रहा एक मूर्ति
अच्छी तरह जानते हुए
कि इस मूर्ति की पूजा भी हो सकती है
और इसकी अवहेलना भी-

अवहेलना इतनी कि
मूर्ति पर आकर बैठे
और उड़ गए कबूतरों की बस
पहचान बची रह जाती है
उसकी सफेद-पीली-भूरी गंदगियों की बनकर
छाप
और दुर्गंध
फिर भी मेरा विश्वास
अखंडित है

पाया हुआ सुख
शरीर का हो या मन का
दर्पण पर अक्स की तरह
उभरता रहता है
जैसा कि स्मृति पटल पर बार-बार

•••

स्वीकृति का हाथ

स्वर्ण बंगाल की
शश्य श्यामला भूमि पर
शांति निकेतन के खेतों में
मैंने देखा था
अर्पणा मजूमदार को
        कंधे से लटकी झोली से
बीज निकाल-निकाल कर
जमीन पर छींटते
        पीठ पर
        अंगोछ से बंधे
        आठ महीने के बच्चे को
        थपथपाते सुलाते
                फिर अपनी ओर उसकी सुन्दरता-
                मांसलता को
                सराहती घूरती आंखों में
                मुस्कुराकर रसमयता घोलते
                और लम्बे काले नितम्ब तक
                लटके बालों को झटक-झटक कर पीछे बांधते
                जूड़ा बनाते, फिर बीज छींटने लगते
                        मैंने देखा था
                        आज भी देख रहा हूं

                मैंने देखा था
                तमिलनाडु के एक कस्बे में
                जलती दोपहर में

लोहे के कारखाने में
पल्लवन स्वामीनाथन को
जलती आग की तहों से उठती
लपटों से लोहे की छड़ों को
छांटकर, निकालकर पीटकर
घरों इमारतों के लिए गाटर बनाते
मैंने देखा था
उसके आसपास से उठती
आंच की लपटों को भी
उसके काले शरीर पर
उतरते चढ़ते अक्सों में
सोने का
रंग चढ़ाते
मैंने देखा था
आज भी देख रहा हूं

मैंने देखा था
कश्मीर में श्रीनगर की घाटी के
एक छोटे से गांव में
मोहम्मद यूसूफ और
उसके परिवार को
बिखरी ऊन की गठरियों से
रेशा-रेशा छांटकर संजोकर
गांव के अन्य लोगों के साथ
बनाते निर्माणते
संसार के सबसे सुंदर
ऊनी वस्त्रों को
रूप और रंग देते
पशमीना बनाते
मैंने देखा था
आज भी देख रहा हूं

मैंने देखा था
अमरीका के सैलिकन वैली में

भारत से आए
लड़के-लड़कियों को
कम्प्यूटर के केंद्र में
एक नई विद्या की
नई भाषा को समझते सीखते
कम्प्यूटरों की दुनिया में
भविष्य के नक्शे बनाते
नई दुनिया का स्वप्न देखते-
मैंने देखा था
आज भी देख रहा हूं

मैंने देखा था
लन्दन के साउथहॉल में
मार्गरेट रोड के मोड़ पर
छांछठ वर्ष के
बुज़ुर्ग सरदारजी को
सफेद दाढ़ी वाले
सीना ताने अन्य कामगार लोगों के साथ
ईंटों की तहें लगाते
बूढ़े एशियन लोगों के लिए
भवन निर्माण में
अपना योग देते
मैंने दखा था
आज भी देख रहा हूं

ओ मेरे भारत देश के लोगों
मेरे भारतीय कौम के
नर-नारियों
मैं जहां देख रहा हूं
तुम्हें देख रहा हूं
कर्मरत, संघर्षरत
पूर्ण समर्पित...
...तो मन ही मन
संतुष्ट और खुश हो रहा हूं...

पर
क्या मैं
इतना ही करता रहूं
जब मैं भारत के भविष्य का
घोष सुन रहा हूं
तो चुपचाप
देखता ही रहूं
जब तुम दुनिया को बदलने
संवारने सजाने बढ़ाने में
जुटे हुए हो
तो मैं एक दर्शनार्थी की तरह
खामोश तुम्हें देखता रह जाऊं
नहीं
मैं अपने को ऐसा नहीं
करते रह जाने दूंगा-
मैं आज जोर-जोर से
कहना चाहता हूं
कि जैसे मैं तुम्हें देख रहा हूं
तुम भी मुझे देखो
और महसूस करो
कि उम्र की मार खाता
एक और भारतवंशी
तुमसे कह रहा है कि
मैं भी तुम्हारे जीवन के
हर यज्ञ में हूं... तुम्हारे
साथ हूं
भविष्य के लिए
स्वीकृति का
एक उठा हुआ हाथ हूं

•••

उर-उवाच

सुरंग के पार
कहीं रोशनी तो होगी ही
चलते रहो
समय की तरह तो नहीं
इतिहास की तरह बदलते रहो
बाहरी ताप से ही नहीं भस्म होगा मन
अग्नि जो निखारती है खरा
उसमें जलते रहो

•••

स्थिति बोध

लग रहे
पैगाम सपने अक़ीदे
जमती बरफ से
कह नहीं कुछ पा रहे हम
इबारत लफ्ज़ों हरफ़ से
टूट जाते हैं
तड़क कर
पेड़ झटकों से यहां अब
पता तक चला नहीं
तूफान आते
किस तरफ से

•••

मज़हब

पहले,
मज़हब का अर्थ होता था
अंतरतम का विश्वास
मनुष्य के विकास का इतिहास
एक बन्धन
जो लाता था
मनुष्य को मनुष्य के पास
अब,
मज़हब की पहचान है
परचम पर बने हुए चिन्ह
वे सारे तर्क
जो मनुष्य को मनुष्य से
बना देते हैं भिन्न
उन नारों
हथियारों की नोकें-
जो कर देती हैं
जो भी जिसे होता है
अस्वीकार,
उसके टुकड़े-टुकड़े,
बिना आत्मग्लानि के
बिना हुए लज्जित
बिना हुए खिन्न

•••

वर्षगांठ पर

यदि सब कुछ किसी तरह
रह जाता शेष
ज्यों का त्यों
परिवर्तनों की आशा में
सपनाता हुआ
एक आदर्शलोक के लिए...
यदि जो
अनन्य था अभिन्न था
सटा रहता था वक्ष से प्रतिफल, फिर
लौट आता और
बातें अपने को दोहरातीं...
यदि जीवन एक बार
फिर जिया जा सकता
एक पारे जैसे स्वप्न के इर्द-गिर्द...
यदि शब्द
अपने को व्यक्त कर पाते
पर्तों में नहीं
रंगों में...
तो
आज मैं भी
एक मोमबत्ती जला देता
जश्न मनाता
इस एक और गुजरते हुए
वर्ष के लिए

•••

उषश-गान

सूर्य का रथ आ रहा है
नम्र नीले पर्वतों का तमस सोया है अकिंचित
शुभ्र लीकें खींचता नक्षत्र पथ पर मौन दीपित
अथक किरणों की चमकती राह पर आलोक रजकण
सभी अवयों पर नवोदित भैरवी
फिर गा रहा है...
सूर्य का रथ आ रहा है

घन धुंधलकों में कहीं अब हिल रहे क्षिति इन्द्रधनुषी
स्वर्ण विहगों के स्वरों में बज रही फिर कहीं वंशी
यहां सत्तारूढ़ सिंहासन सजा है सूर्यवंशी
उसी का क्षत्रप नखत तक छा रहा है
सूर्य का रथ आ रहा है
इस नगर का नाम हो, जो भी, न उसके बिना कुछ है
उस सुबह के अंचलों का कोर सुख है और दुख है
सभी पर वह रोशनी का शीत मरहम लगाकर
हर घाव को सहला रहा है
सूर्य का रथ आ रहा है

जिसे भी जो मिल रहा है स्पर्श जीवन अंश है वह
स्वयं की पहचान उसकी ज्योति है न कि दंश है वह
समय की गंगाजली का आचमन कर ओ बुझे मन
सहज है जो क्यों उसे ठुकरा रहा है
सूर्य का रथ आ रहा है

•••

बिना सींग वाले बैल

न देखो मुझे
उन्हीं दृष्टियों से फिर-फिर
बिना सींगवाले बैलों की तरह
जो संभावनाओं के किसी हल में
नहीं जुत सकते अब
अब वे बैल
अग्नि के वृत्तों में
सीधे घुस जाते हैं
भस्म हो जाने के लिए
अपनी ही खर्च होती शक्ति की
और अपने ही प्रतिशोधों की
दावाग्नि को दहकाते, बढ़ाते
स्मृतियों के हवन कुंडों की
समिधा में
स्वाहा-स्वाहा के
मन्त्रोचारणों के साथ
संबंधों के संधिपत्र पर
बनकर हस्ताक्षर

●●●

तनहाई

कोई सवाल हो
जवाब
नहीं,
बाहर कुछ
दिखता
बेताब नहीं,
ख़ुद से ही
बातचीत झगड़ा
और मन-मुटाव
तनहाई
तेरा
हिसाब नहीं

•••

याद

डाल हिली,
टूट गई झटका खा
एक पत्री,
बुझने उस ओर लगे
विज्ञापन
हर बत्ती,
चांद मुझे
अब संग ले
यात्रा को निकलेगा,
हाथों में
यादों की
देकर अगरबत्ती

●●●

हथेलियां

मेरी हथेलियां
होकर आमने-सामने
करती हैं एक दूसरे का अभिवादन
वे आईने सी
एक दूसरे में देख जैसे तनती हैं
आईनों की भांति एक-दूसरे के अक्सों में
उतरती हैं
इस तरह मेरी हथेलियां
करती हैं संवाद
उनकी अंगुलियों की पोरें
मारती हैं एक-दूसरे को आंख
करती हैं अपनी स्मृतियों को पैना
और अपनी कहानियां दुहराती हैं
वे अपने को करती हैं व्यक्त
स्पर्शों के माध्यम से
कभी बखानती हैं अपनी अतीत की बातें
कि कैसे उन्होंने
अपने स्पर्शों से
उकसती झकझोरती संवेदनाओं को किया शांत
फिर किस तरह
अपनी छुवनों से दमित इच्छाओं को
जगाया भी
किस तरह जब आक्रमण के क्षण आए तो वे
बंधकर बन गई मुट्ठियां
और तन कर सामने उठ गईं

वे यह भी बताती हैं
किस तरह उन्होंने चरणस्पर्श भी किए
और मंगतों की तरह मांगा
और किस तरह कभी फैले हुए दूरागत क्षितिजों की भांति
पड़ी रहीं अनुपयोगी नासमर्थ
प्रायः इन्हीं उनके अभिव्यक्ति के क्षणों में
मैं उन्हें आमने-सामने वाली स्थिति से बदलकर
समीप लाकर जोड़ देता हूं
नमस्कार की मुद्रा में
और इस प्रकार उन्हें स्मृतियों की गलियों में
भटकते रहने के चक्कर से
रोक देता हूं
फिर उन्हें स्मृतियों को विदा का नमस्ते
करवा देता हूं
उसके सामने
जो आगत होता है
और जो उन्हें क्रियाशील होने के लिए
ललकारता होता है
उस क्षण

•••

प्रजापति का प्रश्न

हिन्दू धर्मग्रंथों का एक दृष्टांत
सृष्टि के आरंभ में
धरती थी पूर्णतया अनावृत
न थे उसमें कोई वृक्ष न थी उसमें कोई पौध फसल
सृष्टि के रचयिता-संरक्षक एवं
जीवों के देवता-प्रजापति ने
एक बार प्रश्न किया स्वयं से
मैं किस प्रकार करूं सृष्टि में
वंशजों की उत्पत्ति
और वे प्रश्न पर करते रहे विचार देर तक
फिर उन्होंने घोर तपस्या के पश्चात् अन्तत:
अपने मुख से अग्नि को जन्मा
चूंकि अग्नि को उन्होंने मुख से जन्म दिया
अत: अग्नि को भूख लगने-खाने की आवश्यकता
स्वाभाविक थी
अब प्रजापति ने सोचा
मैंने अग्नि क्षुधा तो पैदा कर दी
किंतु सृष्टि में उसके खाने के लिए कुछ
रचा-बनाया ही नहीं
अत: उन्हें चिंता होने लगी
क्योंकि इस समय धरती पर
सिवा प्रजापति के
अग्नि को खाने के लायक कुछ था ही नहीं

तब प्रजापति ने फिर पूछा
तो क्या ऐसी स्थिति में
अग्नि क्षुधा मुझे ही तो न
भक्ष जाएगी
मुझे ही

यही ज्वलंत प्रश्न
मनुष्य को तब से आज इस दिन तक
कहीं मथित करता रहा है
ठीक प्रजापति की तरह

•••

आठ बजे

ठीक आठ बजे थे
चाय की पहली चुस्की
एक रंगीन अच्छा प्याला भी
इस चाय का स्वाद नहीं बढ़ा पाया था
तभी द्वार की घंटी बजी
आश्चर्य आश्चर्य
अंतत: डाकिया महोदय पधारे
मैंने कम्बल को एक झटके से उतार फेंका
और बिस्तर से उछल कर द्वार पर जा पहुंचा
किंतु द्वार खोलते ही पाया
वहां कोई डाकिया नहीं था
जिस व्यक्ति से हुआ साक्षात्कार
वो थीं नम्बर तेईस प्रायरी लेन की
जानी पहचानी बूढ़ी महिला
उन्होंने झट अपनी चौड़ी हंसी बिखेरते हुए कहा
सुना तुमने प्रिय
वह बिल्ली 'टाईगर' मर गई
एक तेज गुजरती गाड़ी ने उसे कुचलकर
भुरता बना दिया
अब हम आगे शांत होकर सो सकेंगे
सकेंगे न प्रिय
न किया करेंगे अब महसूस
कि कोई जीव दरवाजे से लगकर

अपनी देह को रगड़ रहा है
हम सबको इसकी खुशी है
तुम्हें भी खुशी हुई न प्रिय
फिर वह क्षण भर मौन रहीं
और फिर बोल उठीं
लेकिन ऐसा नहीं हो सकेगा
वह अब भी जीवित बची है
सभी पालतू और लावारिस बिल्लियों के
एक-एक कर चले जाने के बाद भी
मेरा मतलब मिसेज ऐण्डरसन से है
वह राक्षसिन बिल्लियों को छोड़कर
और किसी विषय पर बात ही नहीं करती
या तो अपनी खुद की मर चुकी बिल्लियों पर
या उनके बारे में जो अब
एक-एक कर मरती जा रही हैं
इतना कहकर
वह बूढ़ी महिला चल दीं
मैं निर्वाक उन्हें कुछ देर
जाता हुआ देखता रहा
फिर एक झटके से दरवाजा बंद कर
बिस्तर की ओर लौट आया
इस वक्त ठीक आठ बजकर दस मिनट हुए थे
मेरे एक नए दिन का खाता खुल चुका था

●●●

एक रोमन सम्राट का अंतराल

एक साधारण अंजोरिया रात में
जब चांद अपनी कहानियां नहीं कर रहा था
और बच्चे अपनी कहानियां सुनकर
सोने जा चुके थे
एक रोमन सम्राट का नाम ध्वनित हुआ
एक पूरी कालोनी को जलते हुए देखा जाने लगा
सीटियां गूंजीं, फिर एक गीत और हार्प के तार हो
उठे झंकृत,
और फिर चिंघाड़ते हुए शेर होने लगे प्रकट
लोगों ने देखा उनके पैने दांत प्रथम ईसाईयों की देहों में
करने लगे थे प्रवेश
इन्हीं संगीन क्षणों में एक भोंडी, किंतु भयानक चीत्कार
एक घाव की तरह फूट पड़ा,
और गन्दी रक्त धारें होने लगीं प्रवाहित

ठीक इसी वक्त उसने अपनी अंतहीन यात्रा शुरू कर दी
इस तंग गन्दे कमरे की दस फुट लंबी और दस फुट चौड़ी हरी कालीन पर
पहले उसने एक सलामी लेते हुए सम्राट की तरह
धीरे-धीरे चलना शुरू किया
फिर उसने अपनी चाल कुछ तेज कर दी,
और फिर और तेज, विशेषतया उत्तर की ओर, जहां एक
खुली खिड़की पूरे चन्द्रप्रकाश को कमरे की अंधेरी पर छाने को
कर रही थी आमंत्रित
आज उसका मुख-मण्डल चमक रहा था,

रोगनिवारक स्निग्ध किरणों की भांति
उसके मुख पर मृत नहीं किंतु जड़ हुई सी हंसी अंकित थी
और उसने आज कुछ गाया नहीं
सिर्फ टहलता रहा कमरे में उत्तर से दक्षिण और
दक्षिण से पूरब फिर अंतत: पश्चिम दिशा की ओर
फिर अंधड़ भरे समय के तराजुओं पर तुले क्षण-यामों के
कितने सीमांतों को पार कर वह अंतत: रुका
और एक कटार को उठा कर करने लगा अपनी तरह का
माताहारी नाट्य
ठीक इसी वक्त बाहर से फेंका हुआ ईंट का पहला टुकड़ा
खिड़की पर गिरा
वह मरा नहीं, न ही उसने आत्महत्या ही की
किंतु उसे लगने लगा कि खेल खत्म हो चुका था
और तभी बेशर्मी से वह
ऊंचे स्वरों में गाने लगा
और गाता रहा देर तक

अगली सुबह
घर साफ करने वाली महिला ने
उसे फिर पाया
हरी कालीन पर पड़े सोए हुए
उसी तरह मुंह खोले
बिना दांतों वाले जबड़ों को दिखाते हुए
और कागज के एक टुकड़े को कसकर पकड़े हुए

•••

खूनी खेलों के खिलाड़ी

बन्दूकों को उत्साह भरे मन से
दागने वाले सैनिक ही
ईश्वर के चुने हुए जीव नहीं होते
इस प्राय: प्यासी धरती पर
    हम सभी कहीं
    खूनी खेलों के
    खिलाड़ी हैं
हम सब के लिए कहीं
एक दुश्मन तना हुआ खड़ा होता है
वास्तविक या काल्पनिक
    और हम सब
    कंधों पर
    बंदूकें रखे बढ़ते रहते हैं
    ये कंधे चाहे अपने हों
    या किसी और के
    प्राय: होते हैं किसी और के ही
और यों हम सदा रहते हैं तत्पर
गोली दागने के लिए
विशेषतया उन क्षणों में
    जब हम सहसा कुछ पाने से चुक जाते हैं
    या जिसके पाने के लिए खर्च होते हैं संघर्षरत
    या जब हमारे स्वप्न
    टूटकर बिखर जाते हैं
    खण्ड-खण्ड

•••

तथागत

हर कदम पर
दर्द हंसता है
भूख गाती है
हर नई आवाज
इस सुनसान में
कुछ दूर जाकर
लौट आती है
जलन कुंठा
व्यथा आंसू
क्या यही
भवितव्य है
द्रोण हर दिन
सामने है,
अंगूठा देता हुआ
विश्वास का
एकलव्य है
जहां देखो
बांह खोले
जिन्दगी सब कुछ
लुटाती है
हर कदम पर
ओ तथागत
आपकी अब
याद आती है...

•••

तीन चित्र

सजे हुए तोरण हैं
द्वारों से लगे द्वार
आर-पार की माला
दृश्यों को बांधे है
नीली-पीली-सफेद रस्सियां
रंग सनी झंडिया
शोरगुल, शहनाई
अनगिन बाजे, वादक
जादूगर, नीलामी
बहुभेषी व्यापारी, सौदागर
हाटों से जुड़े हाट
भीड़-भाड़
मेलों में मेले हैं
पर यह सब बाह्य जगत की धड़कन
आत्मा का उत्सव या जश्न नहीं...

कालविद्ध
घूम रहे जीवन के चक्र सतत्
किए-धरे का हिसाब
बढ़ती इमारत की हर मंजिल
उठती ही जाती है
कितने अभावों के ऊसर भी चटकीले
फैल रहे
हर प्रयास चौसर पर चढ़ा हुआ मुहरा है
जन जन अब अपने ही

बीते के उत्तर हैं
अब तक की सांसों के भंडारी
भावी जिज्ञासु और अनागत के प्रश्न नहीं...

शंखनाद
बिगुल और डंकों पर सख्त चोट
गूंजों की प्रतिध्वनियां
क्षण क्षण चुनौतियां
आह्वान
डाको पर डाक
यह धरती
कदम कदम बढ़ती
रणभूमि है
योद्धा हैं, सैनिक हैं
सेनापति, उद्घोषक
नक्शों पर नक्शे हैं
बल्गाएं थामें रथ रोही हैं
हिनक रहे अश्वों के ऊपर हैं
हाथों में चाबुक है
लेकिन ये चालक हैं
केवल हैं सारथी, कृष्ण नहीं...

•••

शब्दों के परिन्दे

जो कि क्षण भर रह न पाते स्थिर
शब्द भी ऐसे परिन्दे हैं
खुल रहा जग
जहां तक यह दृष्टि जाती
हर जगह पहचान
जैसे मुस्कुराती
कह रही होती
कि जोड़ो पुनः नाता
किंतु फुर्र सी बात
उड़ती फड़फड़ाती
अंततः फिर जाल उनको बांध लाते
विचारों के तार फन्दे हैं
जाल ही तो
भावना की रस्सियां हैं
कस रहे जिनमें
सिकुड़ते पंख हैं
है परों की फड़फड़ाहट
और भी कुछ
ऋचाओं का भाष्य
नादित शंख हैं
सभी की अपनी इयत्ता है
सभी जो भी हैं चुनिन्दे हैं

यही पंछी है
बनेंगे एक दिन जो
गीत ध्वनियां और
परछाईं समय की
और सूने अतल से
आकाश तक की
व्यक्त भाषा
घोषणाएं हृदय की
रूह हैं ये जीव हैं इतिहास शाश्वत
खुदा के ज्यों खास बन्दे हैं

•••